コミュニティ・オーガナイザーのレジェンド

佐山満夫の挑戦

編著者　塚口　伍喜夫

大学教育出版

30年前頃の佐山夫妻の写真　初夏の佐山邸の前庭にて

佐山夫妻の近影（2020年1月31日）佐山宅にて
筆者もよく泊めてもらった

コミュニティ・オーガナイザーのレジェンド
佐山満夫の挑戦

目次

第Ⅰ部　コミュニティ・オーガナイザーのレジェンド

第Ⅱ部　社協基本要項を具現化する

第Ⅲ部　佐山さんへのメッセージ

第Ⅰ部　コミュニティ・オーガナイザーのレジェンド

第1章
プロローグ

昭和30年代から2002~2003（平成14~15）年ごろまでの社協は、コミュニティ・オーガニゼーション理論に基づき地域を基盤にした住民の連帯・協働による地域の「福祉に欠けた状態」を克服ないしは緩和するための活動が全国のそこかしこで展開されていた。今回紹介する佐山満夫氏（以下「佐山さん」と呼称）もその一人であった。

ところが、2000（平成12）年の介護保険が実施される時期くらいから、社協がその保険事業に参画するかどうかをめぐって内部で論議が渦巻いた。

その少し前、1978~1979（昭和53~54）年頃より地域の独り暮らし高齢者、高齢者夫婦、在宅障害者などの生活実態が明らかにされるようになり、社協も地域のマジョリティの福祉課題から徐々に先のようなマイノリティの福祉課題重視の取り組みへと転換していた。介護保険はその延長線上に出現した施策と在宅福祉事業に取り組んできていた社協は位置づけた。

もう一つの動機は、介護保険事業に参入することで一定の財源確保にもつながるのではないかとの判断があった。こうしたことで多くの市町村社協は介護保険サービスの実施主体として参画していった。

これに併せて、社協理論の主柱はコミュニティ・オーガニゼーションからコミュニティワーク、さらには、コミュニティソーシャルワークとマイノリティの保護・救済、自立支援へと傾斜していった。

この傾斜の背景には、イギリスのシーボーム報告（1968年）が大きく影響しているように思う。このシーボーム報告はその後のイギリスのコミュニティケア政策のバックボーンになるもので、その理論的裏付けとなるのがコミュニティワーク論である。

このコミュニティワーク論には社会調査の機能、ソーシャルアクションの機能、ソーシャルアドミニレーション機能など、コミュニティ・オーガニゼーション機能に備わっていた社会福祉運動的な機能が弱められてきたといえる。

そのために、今日の社協の多くは単なる地域福祉サービス提供の事業体に成り代わってきたのではないか、と勘繰りたくなる。

佐山さんは、こうした端境期にあって如何に社協を導くかに苦慮した一人であったといえる。

佐山満夫さんからの手紙

２０１９（令和元）年10月の上旬、親友の佐山さんから、かつて、佐山さんが五色町社会福祉協議会の福祉活動専門員を兼ねた事務局長をされていた時の活動ノートを添付した手紙をいただいた。佐山さんはこの年丁度93歳、私より11歳も年上である。

この年の5月ごろに五色町の自宅にお伺いした時に、佐山さんは「90を超えると頭も体も思うようにいかないものだ」とこぼしておられたのを思い出す。その佐山さんから次のような手紙が届いた。佐山さんの承諾を得て原文を紹介する。

前略、トアロード会（注1）会長退任後も種々お世話になり感謝申し上げます。あれからはお元気そうで何よりも嬉しく存じ上げます。私もあれからは体力がグーンと落ちて独りでの外出は出来なくなり、調子のよい日は草いじりをしている状態です。この10月27日に満93歳になり、これもすべてのものに感謝をせねばならないのが常識だと思っております。

そこでぼつぼつ身辺の整理をと思い書箱を開けてみたところ、貴方の指導の下に住民主体を守り「全国的評価」をいただいた記録に関する記事が出てきました。どうせ最後は焼いてしまうのなら終始指導をいただいた貴方に見ていただいてから処分したらと思うようになり送らせてもらうことになりました。

遡ってのことですが、昭和46年のヨーロッパ7ケ国研修の時、全社協の河田事務局長が、あの時代にあれだけの住民主体活動を成し遂げたことは、むしろ珍しかったのではなかろうか、兵庫県社協が五色町社協にどんな指導をしたのか、このヨーロッパ研修の21日間の夜、私から話が聞きたいということで2人で同室しました。そしてオーストリアのウイーンから西ドイツのフランクフルトへ向かうバスの中で福祉講座から始まる一連の活動を（私が話した中身を評価）五色町社協の事例だけを題材にして研修をしたことが思い出されます。

ある時、県下社協職員研修会で塚口さんがこんなことをいわれました。それは、県社協も含

筆者に送られてきた活動ノート類の一部

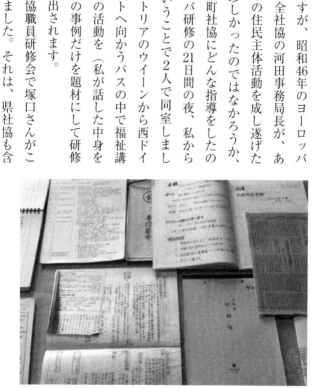

めて社協職員は、こと社会福祉に関する関係行政職員よりも上を行っていなければならない。そうでないと住民主体事業などとても出来るものではないと言い切っておられたことが私の胸に焼き付きました。私の場合は、町役場職員が告発に近いような情報を、それも多数の職員が提供してくれました。河田事務局長もこのような事例の話をヨーロッパの夜が更けるまで話していました。こうした五色町社協の実績は、兵庫県社協の実績であり、塚口さんの指導実績であります。

「塚口さんありがとう」。また、住民主体への逆風を共に闘ってくれた松浦職員へも大きな感謝を申し上げたい。字がきれいに書けないので鉛筆で書かせてもらっていますが、私の仕事上

欧州児童福祉・保育事情視察団（昭和46年）
河田局長（後列左端）、佐山さん（後列左から６人目）

のメモのようなもので真に失礼ですが送らせてもらいます。お読みいただいたのちは恐縮ですが焼却していただけたらと勝手なことを申し上げてもよろしいでしょうか。乱雑な字になってしまって申し訳ありません。

体に十分気を付けてワンちゃんを愛してやってください。

令和元年10月吉日

佐山満夫

塚口伍喜夫様

佐山さんからの一句

古びれた小学校の集い部屋　過疎地の福祉を説く塚口さん　（福祉講座）

（注1）トアロード会とは、兵庫県内の社協・共募事務局で働いていたＯＢ、ＯＧの会を指します。兵庫県内で最初に社協が産声を上げたのが神戸トアロード沿いにあった兵庫県社会事業会館であったことから兵庫県内社会福祉協議会・共同募金会事務局退職者会を通称「トアロード会」としたものです。

第2章 五色町とはどんなところか

そもそも佐山さんが活躍した舞台となる五色町とはどんなところなのか紹介してみたい。

五色町については、平成の町村合併以前は、津名郡五色町といった。平成の合併で洲本市に併合され、現在は洲本市五色町となっている。

五色町は、律令制時代は都志郷があった。都志郷は五色町の役場が置かれた町の中心地で、その地が都志である。

1185（文治元）年に鎌倉幕府により守護・地頭が置かれ、都志郷、鮎原荘、牧石荘、鳥飼荘に分割され、それぞれに置かれたが、この分割地名が五色町を形作る基礎になったと推測される。

時代は下って、1581（天正9）年豊臣秀吉は淡路全島を制圧した。その後、江戸幕府は1610（慶長15）年池田輝政の三男池田忠雄に淡路6万石を与えた。その後、江戸幕府は161

5（元和元）年阿波藩主蜂須賀至鎮に淡路6万石余りを下賜し明治維新までの250年余り淡路は阿波藩の所領下にあった。

戦後の1953（昭和28）年、政府は「町村合併推進法」を制定して町村合併を積極的に推進した。

そうした中で、五色町の誕生は難航した。県の合併計画は津名郡の山田村、都志町、鮎原村、広石村、鳥飼村および三原郡堺村の6ケ町村合併であったが、この方針が各村ではなかなか認められなかった。都志町は最初の段階では洲本市への合併、鮎原村では県の合併案に批判的、広石村は洲本市への合併、鳥飼村では県の基本線に同意、堺村は洲本市への編入合併、山田村は一宮町への合併に踏み切るといったバラバラの状態であったが、最終的には県の合併案に同調し1956（昭和31）年9月に五色町が誕生した。このような下地があって平成の合併では洲本市への合併が割と円滑に進んだといえる。

また、五色町は司馬遼太郎の『菜の花の沖』の主人公・高田屋嘉兵衛生誕の地でもある。高田屋嘉兵衛は、蝦夷地への商取引の航路を開くとともに、ロシアの東漸南下政策による幕府との軋轢を調停し両国友好の調印にまで漕ぎ着けるといった偉業を成し遂げた人物であった。

第3章 五色町社協の変遷（佐山さんの取り組みを絡ませながら）

1　1町4村に社協結成

兵庫県では、社会福祉事業法が公布される前年の1950（昭和25）年12月に「社会福祉協議会組織の基本要項」を制定し各市、各地方事務所に通知しその結成準備を進めた。

その通知を受けて、後に五色町を構成する都志町、鮎原村、広石村、鳥飼村、堺村にそれぞれ社協が結成された。しかし、結成を急ぐあまり書面上の体裁を整えることに汲々とし会長にはそれぞれの町村長が就任、事業については民生委員の自主活動であった貧困者への物資の贈呈、「歳末愛のもちより運動」、世帯更生運動などであった。これは、民生委員の活動をそのまま社協の事業に置き換えるといったお粗末なものであった。

2　五色町社協誕生

１９５３（昭和28）年10月、町村合併促進法（３ケ年）が施行になり、１９５７（昭和32）年４月、先の１町４村の社協が合併して五色町社協が発足した。

しかし、民間社会福祉団体としての存立基盤は脆弱で、会長には町長が、副会長には民生委員が、事務局長には町の厚生課長が就任した。

１９５９（昭和34）年４月、会長には民間出身者（後重郎氏）が就任した。この状況は県内でも先駆的なものであったといえる。

3　社協基本要項の制定とその影響

全国社会福祉協議会（以下「全社協」という）は、１９６２（昭和37）年社協の憲法ともいうべき基本要項を策定し公表した。この基本要項は、地域の福祉に欠ける状態を調査し、その緊要度が高いものから順次地域住民の結束した力で解決ないしは緩和するという住民主体の原則を打ち出した。

この基本要項は、それぞれの場で活躍するコミュニティ・オーガナイザーにとっては「目から鱗」の指針であった。

4　善意銀行の発足

五色町社協では、１９６３（昭和38）年8月、善意銀行を発足させた。この善意銀行設置の意義について、佐山さんは、その一つに、今まで住民の中にあった善意を引き出し組織化したこと、二つには、この設置を機に、自ら自発的に地域福祉活動に参加し、地域の身近な活動に目を向けるようになったこと、三つには災害援助活動などに素早く対応できるようになったことなどを挙げている。

5　法人化となる

五色町社協は、１９６７（昭和42）年1月に法人化された。その法人化を機に、組織体制も整備した。執行機関である理事会は14名で構成、構成員は、地区社協会長5名、地区民協代表5

名、民協総務、行政代表、学識経験者であった。議決機関である評議員には町内会長、福祉推進委員、身障者代表、老人会代表、子ども会代表、共励会代表、施設代表、婦人会代表、青年団代表、人権擁護委員代表、地域改善対策推進協議会代表、中央公民館長、社会教育主事、議会代表、保健衛生推進協議会代表、保護司会代表、小中学校長代表、学識経験者など30名で構成した。

6 「門出のお膳」廃止運動

五色町域では、従来、葬儀・告別式の当日「門出のお膳」と称して親類縁者に酒肴を膳に揃えて賄う習慣があった。どの程度の親類縁者が来てくれるのか確定しない中で余分の数を準備し当日になって予定が狂い無駄な出費を余儀なくされることが多かった。生活改善の中でこの「門出のお膳」問題は潜在的ニーズとして町内に多くあった。そこで町社協が各地区で住民座談会を開催し、そこでこの問題を統一課題として提起した。予想以上の反応があり、最終的には老人会、婦人会、各地区社協代表による実施委員会で町内あげて実施する旨決議した。１９７３（昭和48）年３月から実行に移し、今日では１００％と言ってよいほど実行されている

（『五色町史』第7章・佐山満夫執筆より引用）。

このように町社協では町民の潜在的ニーズを察知し、それを町民に提起し、論議の上実行に移す、という手法を採っている。その実行者の中心を佐山さんが担った。

7　老人人口の高まりから在宅支援へのかじ取り

1979（昭和54）年の調査では、五色町の老人人口比は20％を超えた。特に農家の後継者が流出した。そうした中で、老人の単独世帯が増え、2年前の1977（昭和52）年の調査では、独り暮らし老人世帯は139、老人夫婦世帯は196となった。この両者を合わせた335世帯は当時の広石地区の総世帯に匹適するものであった。また、寝たきり老人の81名は老人人口に占める寝たきり率3・9％と、兵庫県の2・0％のほぼ2倍近くに達していることが分かった。

（以下、『五色町史』：佐山執筆より引用）

老人の独り暮らしや体の弱い老人は、食事をつい即席で済ませたり、同じ副食を連続させたりする。このような食事を続けていると遂に栄養のアンバランスから体に支障をきたし、それが引き金となって寝たきりになってしまう。長生きはしても達者でなければ価値はない。そこでこのような老人に対して、栄養、カロリー共に十分計算した食事サービスによって健康体を保持させること、また食事を届けるボランティアとの会話を通してコミュニケーションを図ること、そして安否確認等の目的をもって昭和55（１９８０）年2月から町社協が中心になって食事サービスの実施に踏み切った。

最初10名の老人から希望を得た。食事作りは養護盲老人ホーム五色園で、その配食は、婦人ボランティア20名、食器回収はホームヘルパーにとそれぞれ役割を分担して進めた。食事代は1食４５０円、うち２００円は町社協から補助、本人負担は２５０円とした。食事を配送する給食車は洲本市在住の琴井谷史朗氏より寄贈していただいた。

昭和55年2月6日に給食車が町内を初めて走った。この模様はＮＨＫで放映されたものであった。

また、独り暮らし老人に緊急事態が生じたとき、そのことを知らせる通報機器が必要と答えた世帯が24あった。この状況を受け、町内各地区の社協の事業としてブザー式通報機を設置することにした。この通報には近隣住民の協力が必要なことから、それら住民の同意を得ることも進み、１９７３（昭和48）年度事業として実施し、設置世帯は徐々に増えてきた。

8　在宅障害者への入浴サービスの実施

町内の寝たきり老人の中には2～3年は風呂に入っていないケースもあった。極端な例では、10年近くも入浴していない老人もいた。

そこで、日本テレビの「愛は地球を救う」24時間イベントへ入浴車を要望していたところ、１９８０（昭和55）年8月に贈呈されることが決まった。その後、7回にわたり入浴講習を実施し介助ボランティア、町の保健婦、看護婦、ホームヘルパーなどでチームを組み、１９８１（昭和56）年6月26日から実施をした。

本節では、五色町の社協がどのような活動の道を切り開いてきたかを、佐山さんが「五色町史」に執筆した文章から見てきたが、ここで特徴的なことを付言してみたい。

その一つは、町民のニーズを敏感にとらえ、それに社協がどう応えたらよいかを考え、その考えを社協の役員たちと共有する方途を見いだしながら進めてきたことであろう。住民の多様なニーズを単なるスローガンに終わらせない、単なる評論で終わらせない、実践者としての自分の進む道を模索してきた模様がうかがえる。

その二つは、自己の活動スタイルをコミュニティ・オーガナイザーとしての活動スタイルにこだわってきたことである。そのためには、自分の成果をことさらに表に出さず、活動の表には地域住民や社協役員を出してきた。似非《えせ》オーガナイザーは、ことさらに自分を表に出したがる。何でも良いとこ取りしようとする。挙句は、住民の活動成果を自己の研究成果にしたり、自己の指導成果にしようとする。佐山さんは、こうした傾向に流れないよう自己を厳しく律してきたのではなかろうか。

第４章
社協に全身全霊を打ち込んだ男

筆者は、佐山さんからの前記の手紙を受け取って、「読んで焼却」するようなものではないと強く感じた。佐山さんは、社協の活動に全身全霊を打ち込んだ、社協職員の中でも稀にみる逸材と思っている。その彼が、93歳を迎えて、本来ならば自らの手でこうした活動記録を執筆したかったと思うのだが、何せ年齢の壁は厚く、自分の思いを筆者に託されたのではないかと感じ、その一端を整理し、したためることにした。

1　社協に関わったきっかけ

佐山さんは、元々は、今の国際電電（国際電信電話㈱）に勤めていた。国際電電の基地の一つが兵庫県小野市の小高い丘陵地にある。両親が年老いた事情があり、その勤めを辞めて五色町の実家に帰ってきた。間もなく、地区社協の会長に推され、小地域の活動に参画していた。

地区社協会長時代に取り組んだ活動は、その当時（1963（昭和38）年当時）は市町村財政が今日と同じように窮迫していた時代であった。そんな状況を反映して佐山さんが会長を務める地区社協（鳥飼地区）では、①町の一時肩代わり事業として「防犯灯の設置」「公衆トイレ」の設置を共募配分金で行った。②次には、トラコーマ撲滅運動に力を入れた。人口70数名の地区で罹患者が50名といった具合であった。この撲滅のため住民座談会を頻繁に開き啓発に努めた。その結果、50名の罹患者が2名にまで激減した。

そんな活動経験が評価され、1966（昭和41）年福祉活動専門員の委嘱を受け、五色町社協に入職した（詳細は、別掲『社協再生』／2010・1／中央法規）。

2　地域福祉に魅せられた男

佐山さんは兎に角よく勉強した。特に、コミュニティ・オーガニゼーション論は自ら書籍を買いあさり独習で学んだ。

また、1962（昭和37）年に全社協より発表された「社協基本要項」は、コミュニティ・

オーガニゼーション論を日本の現状に適合させた理論として社協関係者、特に、職員に論理的バックボーンを与えるものであった。

佐山さんが筆者に送ってきた活動ノートにその基本要項を学んで、しかも、深く理解しようとした形跡が随所にみられる。

地区社協会長としての経験、理論の学習、社協基本要項の創造的な適用などを通して地域福祉に魅せられていった佐山さんの姿が浮かんでくる。

3　活動推進の基礎は学習活動

佐山さんは、社協活動の基礎は、住民が賢くなることだとして、住民に対して学習と自ら考える機会を多く提供することに力を注いだ。この学習の試みに地域住民がよく応えて参加してきたことである。

特に、毎夏に実施した福祉講座とそれを基にした意見交換会であった。昭和40年代初頭は集会所のようなものは整備されておらず、講座は小学校の校庭で蓆（むしろ）を敷き、裸電球のもとで行った。各小学校にほぼ50人から１００人近い住民が参加し、筆者のような若造の話を熱心に聞いてくれた。

兵庫県社協からは筆者のほか明路昌三君、篠崎紀夫君、松沢賢治君などが出講した。

当時、五色町に行くのは神戸港の中突堤から洲本行きの汽船に乗るか、この場合、神戸港より洲本港までの所要時間は約2時間。そこからバスで1時間以上かけて五色町へという路順。または、明石港より小さな汽船で淡路の岩屋港にわたり、路線バスで2時間ほどかけて五色町へという2つの路順があった。当時の五色町は僻地と言っても過言でない地域であった。

県社協から出講した職員は、昼間は海水浴をしたり魚釣りをして、真っ赤に肌焼けした姿で講師を務めたものであった。

5地区の講座が終わると総括講座を千山にあるお寺で1泊2日の日程で行った。この総括講座には筆者が講師として招かれた思い出がある。ここでの議論は、酒の力もあり活発そのものであった。千山は、淡路島中部にある標高448メートルの最高峰と言われている。

こうした住民の学習活動が社協の自立を支える礎になったといえよう。佐山さんは、このことをよく理解して住民学習プログラムを毎年繰り返し繰り返し行ってきた。

4　自らも学習をより深く

佐山さんは、筆者がかつて言った「行政と論陣を張り、それに勝つためには、地域福祉についてのより深い理論武装が必要」という言葉を真摯に受け止め、暇があれば地域福祉論の学習にいそしんだ。その中でも、地域福祉論を社協に適応させた社協基本要項を深く理解しようとした。その学習の痕跡を示すノートが筆者の手元に沢山ある。

基本要項の中でも、とりわけ、重要視したのが「住民主体」論と、活動の前提となる「福祉に欠ける」状態の理解である。この住民の福祉に欠ける状態とは、狭義の「福祉問題」ではなく、住民が日々の暮らしの中で感じ取る健康不安や生活不安を幅広く捉えようとした。この理念が、後に示す「道路公害」への取り組みに通じるのである。

実にこの発想は、佐山さんが、鳥飼地区の地区社協会長時代（1963（昭和38）年ごろから昭和40年前半にかけての時期）に地区の防犯灯の設置や公衆トイレの設置などを共同募金の配分金を充てて行った。その中でも、眼病「トラコーマ撲滅運動」（注2）は、大きな成果を上げた。

（注２）眼病・トラコーマは当時淡路の風土病とまで言われた。この眼病は、タオルや手ぬぐいの家族間共用などで感染すると言われていた。神戸新聞もこのトラコーマ撲滅に力を入れ紙上キャンペーンなどを行った。

よりよい地域づくりに関わる住民のニーズは旧来の福祉という「狭い枠」では捉えられないことを実感していた。この体験が根底にあるからこそ、基本要項に言う「福祉に欠ける」状態の概念とすんなり結びついたともいえる。その典型例が道路公害との闘いであった。この事例については第Ⅱ部で掲載している。第Ⅱ部の論文は、佐山満夫編著『地域福祉への挑戦者たち』／大学教育出版／２０１８・５より転載。

第5章 町長の横暴な町政と闘う

以下、佐山さんの活動記録ノートに忠実に筆者のコメントも加えた。

1　汚れた選挙と調整の混乱

１９７１(昭和46)年4月25日、それは激烈な選挙というより、まったく汚い非近代的な町長選で審判の日であった。九十数％の投票率をもって前産業課長のS氏が前町長と１０００票の差で当選した。S氏は無口であるけれどもいったん決心したらやり遂げる男だとの前評判も大きかったが、また、それにもまして専横的だとの評判も大きかった。

ともかく選挙戦は終わりS氏が勝利をものにした。丁度、4月25日の統一地方選挙を前にして五色町の選挙管理委員会と明るい正しい選挙推進協議会とが共催で統一地方選挙を正しく明るいものにするため協議がなされ、結果、数項目にわたる申し合わせ事項を採択決議し地方選に備えたというがまったくその効果はなかった。町社協では、この現状を見せつけられ、次の機会には二度とこのようなことが行われないようにするため即刻、明るい正しい選挙推進協議会の開催を迫った。推進協議会では今回の汚い選挙の総括をきちんとしてもらう必要を強く感じたからであった。しかし、社協理事をはじめとした「今回の選挙戦を憂いた」心ある町民の意向は汲まれず、数々の問題が葬られることとなった。

そうしたこともあって、役場庁内ではS氏に同調しなかった職員の大幅な人事異動の噂が飛び交い、前町長派と現町長S派の水面下の争いも激烈になってきた。

町長選後1ケ月も過ぎた5月、大幅な人事異動が行われ、若い人の昇格もあったが、これなどは誰が見ても先の町長選での論功行賞的なものであった。最大のハイライトは、住民課長を筆頭に3名の課長が係長に格下げされたことであった。

佐山さんは、住民主体の地域福祉を進める前提条件は、民主化された地域社会でなければならないと強く思っていたので、現ナマが飛び交い、選挙期間に利益誘導を行うようなS候補のやり方に大きな憤りを感じていた。

2　新町政と社協への影響

この異動が社協にも変化をもたらした。すなわち、社協事務局長兼任であった住民課長が他の課の係長に落とされたのである。当然事務局長の後任をつくらなければならない。6月に理事会を開き協議した。現住民課長の兼任案と福祉活動専門員の兼任案、また、理事の兼任案の3通りが出てきた。第1案の住民課長兼任案が優勢であったが、専門員の意見を聞きたいとの複数理事の意見もあったので、佐山さんは次のような意見を言った。

住民課長の兼任案は、社協発足当初の事務局スタイルだと思う。社協が住民福祉を高めるという自主活動を行うとすれば、住民課長と社協事務局長という二足の草鞋では、局長は住民と町政の板挟みとなることは必定である。その良い例が「花立県道」の道路公害反対運動の過程で起きた住民と町政の板挟みになったことに見ることができる。

第2案の専門員の兼任案については、私は真のコミュニティ・オーガナイザーとして活動に専念したいので、第3案の理事の中から事務局長を選任する方向が最も良いのではないかと進言した。理事会はこの第3案の理事の中からの選任に同意し協議の結果T理事を選任し、当人の同意も得て、その日のうちに事務局長就任にまでこぎつけた。

この当時、市町村社協の多くは事務局長を市町村の福祉部局の長が兼任するタイプが多かった。このスタイルは、佐山さんが指摘するように市町村行政と社協の意向が反した時には住民の意向や思い、ニーズよりも首長（市町村長）の考えが優先されるのが常であった。

3　町から事務所移転を言い渡される

当時の社協事務所は、役場庁舎の裏側の和風の建物で和室が二間の狭い事務所であった。町は、この建物を取り壊して駐車場にしたいので立ち退いてほしいとのことであった。行き先は、役場庁舎から１００メートルほど離れた児童館であった。児童館は開店休業の状態で、佐山さんも児童館がこのような状況でよいのかと疑問を抱いていた矢先のことであったので、この話には食指が動いた。

社協は、民間の福祉団体であるが、役場の中とかその近くにいると町民は役場の仕事の一つとみてしまう。そうであるならば、役場から離れたところに事務所を構えることもよいのではないかと考えを整理した。この佐山さんの考えを会長も同意してくれた。

児童館は開店休業の状態ではあったが、町は予算を組んでおり、その予算を社協なりの方法で活用できるならば、児童館移転もよいのではないかと考えをまとめた。

社協は当時、財政難で悩んでいた。これは今に始まったことではなく、社協の成り立ちからの宿命のようなものであった。この財政難は、職員の給料の低さにも顕著に表れていた。佐山さん自身のことを例にとると、入職６年目で本俸３万６０００円／月額、中卒初任給に等しい額であった。佐山さんも社協に命を懸けて頑張っているが、時々わが子の成長を見るにつけ、これでよいのだろうかと独り心の中でつぶやくことがあった。佐山さんの妻も安い給料のことについては一言も言わないだけに辛かったと述懐していた。

事務所を児童館に移すことについては多様な意見があったが、理事会でも論議した結果、この移転を了承した。

移転当初は、役場から距離があることもあり理事や町民の足も遠のいたかに見えたが事務所に寄ってくる町民の数も増えてきた。この現象に会長ともども喜んだものであった。

4　民生委員問題

１９７１（昭和46）年12月に民生委員・児童委員が任期満了を迎えるにあたり民生委員推薦委員の選考が行われた。当初は、誰が推薦委員に選出されたのか分からなかったが、しばらくすると選任された委員の状況がわかってきた。問題の一つは、民生委員の現総務が推薦委員から外されていたこと。この時点では、民生委員総務は社協会長でもあったのでその除外には恣意的なものを感じた。その総務の代わりに社会福祉にまったく関係のない女性が選任されていた。その女性はS町長の奥さんの姉であることが分かった。加えて、推薦委員の定員が従来は14名であったものが半数の7名にされていた。これはS町長のまったくの独断で決められた。

１９７１（昭和46）年10月の初めに第1回の推薦委員会が開かれたが、その冒頭に町からは、37名の民生委員・児童委員の数を22名ないしは23名に減員したいという提案であった。このことには次のような経過があった。すなわち、県の通達は過疎地の民生委員の定数減を指示してきていたが、社協ではその減員通達に強力に反対していた。その理由は、県の減員通達は町域の面積と人口を基礎に算定したものであったが、この人口減は、高齢者人口（比率）の相対的増加につながるものであり、このことは五色町において高齢者問題がますます深刻になることにつながる。そうした状況下で民生委員・児童委員の役割はますます重要になると思われるので社協はその減員には反対してきた。当時の五色町の単身老人は１３９名、ねたきり老人72名、老人人口比率15％であった。町の減員提案はこうした背景をまったく無視したものと言わざるを得ないと社協理事会は判断した。町は、減員提案の際、民生委員・児童委員が10名減れば年間何百万円かの町費の節減になるとも言った。しかも、この減員は推薦委員会の意向ということにしようとした。推薦委員会は減員提案を行う権限はなく、こうした逸脱は許せない旨、住民課長を通してS町長に伝えた。さすがに町長もこの反論には抵抗できず従来の定員枠を確保できた。

民生委員・児童委員の定数枠は確保できたものの、町からはまた新たな提案をしてきた。それは、従来、地区社協と民協の地区代表とで定例連絡会をもって地区の福祉問題の解消法などを話し合ってきたが、この社協、民協の連絡会は意味がないので止めるようにというものであった。このように町民のことを考えない町政があってよいものかと思うと涙が出てきた記憶がある、と佐山さんは述懐する。

しかし、こんな町政に負けてはいられない。心ある民生委員に滾々《こんこん》と話をして、民生委員総務には気骨があり、常に住民の福祉を第一に考える委員を総務に据えることが大切であることを理解していただいた。この委員の根回しと強い推薦でＪ氏が新たな総務に就任した。その結果、地区における社協と民協の連絡会も継続することになり、加えて、地域の住民福祉を高めるためには社協と民協が強く連帯して進めることが必須であることが双方で確認されてきたと思われた。この確認を強めるもう一つのきっかけは、県社協から小俣頼一福祉部長を招聘し、これからの地域福祉は民生委員、社協役員が強く連携して進めることが必須要件であることを講演で話してもらったことも大きな要因となった。この講演会には町の住民課長、係長なども出席した。

佐山さんはその夜、小俣部長を囲む懇親会を企画した。その懇親会には、社協会長、民協総務、町の住民課長、住民係長、社協事務局長、専門員の佐山さんなどが参加し、小俣部長からは改めて地域福祉の重要性、それも「住民主体」での推進の大切さ、社協・民協が手を携えて住民の福祉を守り高めていく必要性などを忌憚なく話して頂き出席者の意識に変化をきたしたのではないかと思った。

5　社協の財源問題

社協が自律するのに大きな障害は自らの財源を持たないことである。そのため、町からの補助金や事業委託金に大きく依存する形となっていた。今日においてもその構図は変わらない。

1972（昭和47）年度の予算編成の時期がやってきた。一応これまで通り福祉活動専門員としての人件費、事業委託費（この年度は児童館の事業運営費が含まれる）、職員2名分の人件費補助を盛り込んだ要望を町に出したところ、人件費補助はバッサリ切られた。人件費は、福祉活動専門員の分しか出さない。金額にして90万円。

無駄とは思ったが、S町長との折衝の機会を持った。その場でS町長は「社協は民間団体である。当然社協の予算は自分で賄うべきだ。社協が要求している不足額を町が出すならば、役場が社協活動をやってもよい」との言辞。

社協は今まで、当然に町がやらねばならぬことを肩代わりしてやってきた。例えば、バスターミナルの公衆便所の設置、カーブミラーの設置などであった。こうした経過を今の町長に話しても通じない。そのため予算の復活折衝は打ち切った。

佐山さんは、この折衝を機に大いに感じるものがあったという。社協がこれから本当の自主活動を進めようと思えば当然自主財源で賄っていくべきであろう。そうなると社協予算も編成替えをしなければならぬ。約60万円の財源不足をどのように組み替えるべきか、社協の財政委員会（実際は、理事会）を開き協議したが、15万円は節減できるが後はできない。結局、寄付金を増やして不足分に充てるという架空予算で辻褄は合わせたが、これでは抜本策とはならない。

社協理事会で何回も協議を重ね、自主財源を得る方策の一つとして葬儀祭壇の貸付事業を起こすことにした。この祭壇の貸付事業の目的は、第1に社協の自主財源確保に寄与すること。第2に、町民に廉価で貸付け冗費の節減に貢献すること。第3に、この事業を通して住民の生活上のニーズを直接的に知ることができることと意義付けた。

利用料は1万5000円とし、装具の飾りつけは2人の理事と職員で行うこととした。この事業は、考えていた以上に住民の人気を呼び、その後順調に進んだ。こうした事業の推進が住民にも浸透し、社協会費も順次引き上げることができた。

6　なんでこんな町長が選出されたのか

社協と町長のこれまでのやり取りでもわかるように、なんでこんな町政を独占的に進めようとする町長が生まれたのかを反省しなければならない。もちろん、S町長自身の資質こそが問題であるが、こんな人物に投票した住民の側にも問題がある。S氏が町長就任後数々の非民主的な行為を行っているにもかかわらず何の批判も加えられず、それどころか町長の行為を肯定して町内各種団体においても町長に肯定的な人物を頭に据えないとその団体の事業ができないような状況が生まれてきた。

町議会においてもこうした町政を牽制するどころか、議員が地元への土産を作るためS町長にゴマをする状況が生まれてきた。ある日、町長に近いある議員から「社協も意地を張らずに、町長の意向に沿った人物を頭に据える時期に来ているのではないか」と「助言」を受ける始末であった。そこまで言われるムードがS町長によって作られてしまった。こんな町長では五町は一段と沈下していくのではないかとの憂いが、逆に佐山さんを奮い立たせることになった。

7　青年団との協働

民主的なまちづくりは、社協理事・評議員、民生児童委員、町政に批判的な自治会長などに加えて、青年団の若い力がどうしても必要だと思うようになった。青年団長とは前々から五色町の将来について話し合ってきていたので、青年団が中心になって「明るい五色町を考える会」（仮称）を結成したらどうかということになった。それが結成できれば、社協も一緒になって勉強会を持とうということになり、参加を呼び掛けた。5月の最初の会には呼びかけ人の4～5人が出席したが、2回目は青年が集まらず挫折してしまった。

6月になって青年団長からフロンティア教育と銘打って講座を1年間にわたって開催したいとのこと。「明るい五色町を考える会」の結成には挫折したが、青年団長はそれに懲りず新たな企画を打ち出してきたのだ。

佐山さんは、青年団の粘り強い気概に「快哉」を心の中で叫んだ。このフロンティア教育の主要なテーマは「結婚」であった。当時農村では適齢期の青年に結婚しようという女性がいなかった。若い女性は結婚相手を農村青年ではなく、都会のサラリーマンと決めていたのではないかと思える。農村では村のしきたりや因習が根強くはびこっていて、こうした環境も青年女性に嫌われていたと思える。

教育のテーマは結婚であるが、この問題を突き詰めていけば、先ほどの因習やしきたり、町政の非民主的状況などへも波及していかざるを得ないと佐山さんは考えた。

第1回の講座は役場会議室で開いた。佐山さんも裏の仕掛人として全回出席することにしたが、先輩の既婚者として講座も担当した。第1回の講座は、開校式に始まって1年間のスケジュールが全員で確認された。

終了の挨拶は、女性の副団長が行った。曰く「この講座は、ただ学習・勉強に終わることなく、自分たちの生活に反映させせなければならない。そして、お嫁に行くのなら五色町へ」と言われる環境づくりを青年の手で作らなければならない、というものであった。

青年たちの、静かではあるが町の改革に向けての第一歩が点火されたことに佐山さんは心が満たされた。

この講座は1年間にわたってスケジュール通りに行われ、「わが五色町をどうするか」の意識が青年たちの中に芽生えたのではないかと佐山さんは評価した。

8　今度は牛舎のし尿公害

1972（昭和47）年の7月の末期、五色町は大雨に見舞われた。この雨のためS地区に業者のし尿公害が発生したという通報を受けた。

佐山さんも詳しくは知らなかったが、この問題は今に始まったことではなく、過去何年にもわたって起きている問題であった。佐山さんは、早速にS地区の社協役員、民生委員、町社協から事務局長、佐山で構成する対策会議を社協事務所で持った。

牛のし尿問題が今まで表面化しなかった。この牧場は多数の牛を放牧していて、そのし尿は処理されることなく、すべて放牧地の下にある共同灌漑池に流れ込んでいた。そのためこの灌漑池の表面には泡が立ち、大雨であふれ出した池の水は人家や道路を浸水させ、小学校の床下へも入ってくるということだった。この放牧をしているのは同じS地区の隣人でもあったので、何時か改善の手を打ってくれると期待して数年が経過したが、その期待は裏切られたままだという。

そこで対策会議では、この実情を具体的な資料で証明することにした。対策会議ではまず池の写真を撮る、水質検査を行うこととし、S地区住民の署名を集める、稲作の育成状況も写真に収めるなどの活動を進め、その結果をもって町の公害担当窓口へ嘆願書として提出した。

しかし、2ケ月経っても返事がない。請求してもはっきりした回答はない。関係者で推測したところ、この放牧主は、先の町長選ではS候補にとってピカイチの功績を納めた人物であったことが分かった。S氏が町長になってからは、そのブレーンとして活躍していて、S町長がこの問題を抑えていることが推測された。

しばらくして、佐山さんが留守中のある日、突如として町長からＳ地区社協の事業計画・予算の状況を報告するように指示があった。佐山さんは、地区社協の管理は町社協が責任を持っているので、町長が町社協を飛び越えて指示してきたことには答える必要がないと拒否した。Ｓ町長の意向に反する事態が起きると、すかさず「嫌がらせ」をやってくるやり方を目の当たりにして、佐山さんは、今こそ社協がしっかりしていなければならないと痛感した。例え町長といえども不正、偏向行政には毅然とした態度を維持しなければならないと思った。

専横的なＳ町長の行政姿勢、これに癒着した町議会、Ｓ町長には何かと黒いうわさが町内に流れているにもかかわらず、どこ吹く風で偏向町政を続けるＳ町長とは徹底的に闘う以外に打開の道はないことを改めて胸に刻んだ。

不正義に目をふさぐことはコミュニティ・オーガナイザーとしてはあってはならないと一層強く思うに至った。

このし尿垂れ流し問題はＳ地区住民の深刻な問題であるにもかかわらず、町は取り上げる気がないのでＳ地区社協のＢ会長にこの問題を町社協全体の問題として取り上げていくことを告げたところ、Ｂ会長は自分個人で町長に掛け合うと言ってきかない。この問題をＢ会長個人に委ねることには不安を感じた。あの狡猾な町長に対してB会長が掛け合ったところで、個人対個人であればS町長に丸め込まれるのが関の山だと思った。

S町長は次期の町長選に再選を勝ち取るため、近々実施される町議選を自分の息のかかった者を候補者にするために駆け回っているとのこと、だから放牧場のし尿公害の問題などはまったく頭から飛んでしまっているという情報が入ってきた。

町社協は、この放牧場のし尿公害の問題を町社協三役で町長に再度申し入れることにした。申し入れの朝、事務局長は張り切っているのでそのわけを聞くと、昨夜息子（青年団員であり、今は、町の給食センター勤務）とこの問題を話し合ったところ、息子は、「こんな筋の通らぬことを許してはならん、自分は町職員の位置を追われようが構わないので、親父よ、はっきりしてこい」と激励されたとのこと、それがうれしくて今朝は張り切っている、ということであった。

第1回目の会談は町長がすっぽかしてできず、第2回の会談は町議選が始まったその日に持つことができたが、町長は社協の活動範囲は逸脱している。放牧場のし尿問題などは社協がかかわる問題ではない。社協は老人や母子や低所得者のことを考えておればよい、という主張を変えず、物別れに終わった。

しかし地区住民の町長に対する不信感が拡大するとみた町長はこの放牧場のし尿問題を取り上げざるを得ないと考えその解決策を放牧場のオーナーに指示した。しかしこの指示に納まらないのがオーナー、町長に裏切られたと思った彼は何かと理屈をつけその処理を遅らせたが、地区住民の怒りを感じ取り、し尿を垂れ流すのは止める処置を行った。

佐山さんは、S町長との闘いの手を緩めることはなかった。S町長の独善的な判断、専制的な町政運営を許していたのでは町自体が駄目になってしまうという危機感がこの戦いを支えた。この佐山さんの思いは町社協の理事にも共有されるようになり、町民主体の民主的な町政が推進されてこそ、住民主体の地域福祉が実るのだという信念を貫いたといえる。結局このS町長の2期目は実現せず、町民から見放された。

また、町政のチェック機能をまったく果たせず、町長にべったりと癒着した議員は、次の町議選で落選した。

（参考）日本ソーシャルワーカー協会のソーシャルワーカーとしての倫理綱領Ⅲの「社会に対する倫理責任」2の「社会への働きかけ」には次のように表明している。

ソーシャルワーカーは、社会に見られる不正義の改善と利用者（社協ではこの場合、「地域住民」と置き換えてもよい）の問題解決のため、利用者や他の専門職等と連携し、効果的な方法により社会に働きかけるとしている。

今日、多くのソーシャルワーカー、とりわけ、コミュニティ・オーガナイザーが、その地域に生起する不正義とどれだけ真剣に戦っているのだろうかと反省する。

第6章

地域福祉の在り方をめぐって

佐山さんは地域福祉の実践家である。同時に、地域福祉の実践的研究家でもあった。その痕跡を概括してみる。

1　旺盛な研究活動

佐山さんは、多忙な活動の中で地域福祉の研究やそれに関する執筆活動にも大いなる力を発揮した。ここでは、執筆活動の一端を紹介する。

①　日本社会事業学校連盟編『住民主体の地域福祉活動』／佐山満夫共著／全国会福祉協議会／1972・1

②　五色町史編纂委員会編『五色町史』／佐山満夫（社会福祉史を担当執筆）／兵庫県津名

郡五色町／1986・9
③　塚口伍喜夫外編著『社協再生』／佐山満夫共著／中央法規／2010・1
④　佐山満夫外編著『地域福祉への挑戦者たち』／大学教育出版／2018・5

など、筆者の手元にある出版だけでも以上の通りである。その他、業界誌、機関誌等に多数執筆している。

そのほか、佐山さんは地元の川柳同好会を主宰し、多数の川柳集を発行している。こう見てくると佐山さんはなかなかの文化人でもある。

2　退職後はボランティアとして地元の地域福祉を支えてきた

佐山さんは、社協退職後も在宅高齢者を支援するボランティアとして地元への貢献を続けてきた。以上、簡単ではあったが、佐山満夫さんのコミュニティ・オーガナイザーとして奮闘してきた足跡の一端を紹介してきた。

佐山さんは、地域に民主主義を根付かせ、その上に地域福祉を築くことを生涯の生きるテーマにしてきたのではないかと思う。同時に文化人として人間のありようを探ってきたのではないかと思える。地域福祉のありようとそこでの地域人としてのあり方を一体のものとして追及してきたと思えるのだが、どうであろうか。

佐山さんの一句

入浴車　生きかえったと老人の　よろこび聞いて　明日へ整備す

第Ⅱ部　社協基本要項を具現化する

その時、社協はどう動いたか
――道路粉塵公害への取組み――

元五色町社協事務局長
佐山満夫

1　はじめに――地域や暮らしに根づいた活動や組織の土壌はどう作られたか――

(1) 地区社協を絶やさない――「地域に根差した組織」づくり――

♪真っ赤に燃えた太陽だから　真夏の海は……♪　この歌を天才少女美空ひばりが大ヒットさせたのは忘れもしない1966(昭和41)年。約50年前、私が社協専門員として地域社協の門をくぐった年です。私の真っ赤な太陽は、地域福祉を「住民主体」でいかに組み立てていくかにあったと思います。

五色町(現洲本市五色町)は、淡路島の西南部に位置しており、昭和30年代(1955年〜1964年)を中心とした「昭和の合併」により、近隣五カ町村を集めて誕生した町です。

当時、私の鳥飼地区では、農協が有線放送事業を行い、各戸へ農協事業を中心とした「お知らせ」の放送を流していました。地区社協はこの放送に目をつけ、毎朝「社協とは」と題して誰にでも分かる解説を行っていました。五色町の誕生とともに２９００戸余の世帯を集めた五色町社協も再スタートしました。

地区社協を基礎単位とした取組みが、「住民主体の社協活動」の原点になろうとは予測はしていませんでした。合併以前の地区社協の組織を残したことで、地区社協時代に学習研鑽を積んだ若手のボランティア達が地域福祉を主導する地区社協の推進委員になったり、民生委員の大半にこうした若手が推薦されるという組織づくりにつながったのです。

(2)「学習」は事業を進めるエンジン―地区住民座談会は学習の場―

私の福祉活動歴は、１９５９(昭和34)年に県下子ども会活動指導員の認定を受け福祉活動に加わったときから始まります。１９６１(昭和36)年に五色町社協推進委員に委嘱されました。

仕事を通じて痛感したのは学習の大切さです。学習は、事業を成し遂げるエンジンにも似たようなものだと思います。学習や研修は、私が入職する以前から地区社協で開催していました。鳥飼地区では多忙な田植えの時期が終わり一息入れる6月中旬から8月初旬までの間に開催していました。

その内容は次のようなものです。学習会は「地区住民座談会」と称し、町社協と地区社協の共催で実施、参加者は地区社協の会員（民協、社協推進委員、町内会長）、式次第は、まず町社協から前回以降の報告事項（活動の進捗状況およびその後発生した問題）、県社協からは社協活動の全国的な進捗と課題、県下社協活動の評価。そして、地域福祉論の解説。地区社協からは、現在の活動状況報告とその中で地域福祉を阻害している潜在的な問題やニーズについての解説、といったものでした。到達段階に応じた学習を、約2時間半の時間で実施します。そして、発表や要望が出てきた中で、地域福祉を阻害するような課題がすでに顕在化しているようであれば解決のための組織づくりを行います。組織づくりの最終決定は、綿密な調査を踏まえて決定するというものでした。

この地区住民座談会の中で組織づくりをするには時間的にも無理がありますので、10月までの間、町社協も一緒になって取り組みました。地区住民座談会の取組みが第1段階とするならば、調査活動は第2段階だと私は考えました。

（3）住民の「暮らし」の中に生活課題を見いだす―社協の視点―

ここでは、地域福祉問題を解決するに際してはコミュニティ・オーガニゼーションの手法を用いて取り組んだ『道路粉塵公害問題への取組み』の実践を紹介します。

まず、五色町における道路粉塵公害の背景を考えてみます。１９６０(昭和35)年頃、当時の池田内閣はそれまで進めてきた戦後復興の軽化学工業から重化学工業へ移行するため「所得倍増計画」を打ち出しました。結果として、10年で国民所得を倍増する計画を10年を待たずに成し遂げたわけですが、スピードが速すぎて有害物質が川や海へ放出されました。いわゆる公害問題が発生するようになってきた時代です。

私どもの町の周辺には今まで企業らしいものはなく、わずかな田んぼからの収入で家族全員が食べているというのが、地域の平均的な暮らしでした。そうした中、隣町から瓦工場が住宅建設の波に乗り、五色町にも複数の工場が進出してきました。

今までの貧農生活から月末にはお金が入るサラリーマン生活へ、退職金も社会保険もあります。おばちゃん、おっちゃんも元気であれば就職可能、もちろん、若い青年は言うに及ばずで、こうして採用された人たちはそれぞれに送迎バスで出勤です。今まで閑散としていたバス停には毎朝20人から30人の人だかりができ、大変賑やかな場所へと変わりました。給料日になると、地元に帰ってきた人達も加わり地元商店の店頭は一層賑やかになり、瓦工場様さまの様相を呈する状況に変わりました。また、自治体においても、法人税や固定資産税、市民税といった収入が増え、ここでも瓦工場様さまという状況で、「住民の暮らし」を守る役所も喜んでいました。

なのに、社協が「道路粉塵公害」に、なぜ、取り組んだのか。これから記します取組みは、〝住民主体の原則〟を基本に据えて取り組んだものです。

2　活動の実際――社協基本要項の理念「住民主体」の具現化――

(1)　粉塵公害の顕在化と、それに対応した組織づくり

1965（昭和41）年の夏、毎年開催している地区住民座談会がT社協の町内会で行われました。プログラムが進み、参加者からの地域問題の発言に移りました。発言の主は会場の近くに住む兼業農家の方で、県道花立線（五色鳥飼から洲本市までの県道）の約10キロ、この沿線に住む彼が最初の発言者に選ばれたのは、それだけ問題が深刻だったからでした。

彼は「今までの座談会で社協さんが取り組むべき問題の中で公害についても触れられていたが、この会場のそばを通る道（県道花立線）を8トンから10トンもあるダンプカーが土を落としながら粉塵を巻き上げ我が物顔に走っているのを知っているか。事故の起こらぬ今のうちに

対応すべきだ」との発言を行いました。瓦工場の誘致を住民も役所も喜んでいたのに、今日のような状況になろうとは誰も想像していませんでした。

瓦の原料は良質の粘土で、これを強烈な温度の窯で焼いて製造します。原料の主産地は瓦工場周辺になく、後に触れるT地区、H地区、S地区の三地区で生産されています。この三地区と五色町は県道花立線で結ばれ、その延長は10キロメートルに及びます。この問題を解決するには、素人目に見ても道路改良であると思われましたが、当時は淡路島内に限らず土の道がほとんどで、国道を除き仮舗装されておればオンの字と言われた時代でした。

この土の道を、大型ダンプカーが大量の粘土を積載し、産地と瓦工場をピストン運転するものですから、土の道が削られ、それがタイヤで粉塵化されて飛散し、歩行者はもちろん、周辺の人家でも夏に窓を開けて涼をとれない（当時はクーラーはありません）という惨状でした。もちろん、洗濯物を屋外に干すこともできません。小中学校もこの沿線にあり登下校が危険であるといった声も寄せられていました。

早速、HおよびS地区の2地区でも、急遽、住民座談会を開催しました。出てくる問題は共通した課題でした。地区座談会を終え、この3地区が一本化すれば大きな運動になるに違いないことを確信し、3地区の住民座談会を総括した後に組織づくりに取り掛かりました。

この問題が新聞等で取り上げられたことから、五色町の農協が粉塵対策協議会の事務所を提供してくれました。事務所の所在地は、３地区の中心に位置し粉塵道路にも面した所です。地域の関心も高まり、以下のような組織が結成されました。それが県道花立線粉塵公害対策協議会であり、会長にはT地区社協会長、副会長にはH地区社協会長とS地区社協会長、顧問として町社協会長が就任し、推進委員は各地区社協委員18名がなり、各活動班の総合企画と事務は町社協事務局が担うことになりました。

いよいよ公害対策活動が始まるのですが、地区の人たちから聞いた話だけでなく、各々の目で見て、生の声を聴くことを主眼に署名活動に取り組むこととし、組織の機能や役割について以下のように整理しました。推進会議は、総会的機能を担う。署名運動は、道路の日常利用者全員を対象とする。陳情活動は、道路関係機関を対象とする。調査活動を重視する（第１次調査から第３次調査）。広報活動は、日刊紙、社協広報紙とするなどです。

⑵　見通しと方向性を共有した、粘り強い取組み

真っ赤な太陽が照りつける８月のある日、関係地区の要衝３か所で、粉塵公害の第１次調査を行いました。各地区の座談会で住民から発言のあった状況と何ら変わらない現況を踏まえ、

陳情活動が始まりました。

陳情先は、県土木事務所、所轄警察署、地元町役場、行政監察所です。この中でカギを握るのは、県土木事務所です。この土木事務所へ公害対策協議会会長をはじめ複数の役員が出向くとともに、他の関係機関へは調査結果の書類を郵送しました。

対策協議会長をはじめ役員に対応した県土木事務所淡路出張所所長の答弁は「県道花立線の今の予算では、どう考えても住民の要望を満たす額には及ばない。住民の声も考えねばならんし……」と。出張所レベルでは無理だと言わんばかりの答弁でした。

私たちは1回の陳情で事が済むとは考えていませんので、出張所の上級機関である県土木事務所が対応すべきと考え、社協の広報で陳情の結果を掲載しました。

県土木事務所への陳情資料作りの過程では、今まで実施した調査結果をさらに裏付ける調査や活動に取り組みました。粉塵等の住居への影響（車両の通行に伴う振動による住宅の傾き、泥はねに伴うドアや障子の汚染状況、小中高校生の登下校時や高齢者の歩行に及ぼす危険性）の調査結果や実態の写真（粉塵により洗濯物が干せない、窓が開けられない様子）に小学生の作文を添えるなど、工夫を凝らしました。

対策協議会の活動目標は、延長10キロメートルの道路の完全舗装でしたが、県土木事務所は心情的には受け止めているようでしたが、期待したような回答は得られません。しかし、陳情者の「少しは前へ進んでいる感触が得られた」の言葉を励みに取組みを続けました。

この活動の間にも、散水車が水をまく様子が見られたり、時には県土木事務所の車が道路の現況を写真に撮っている様子が目撃され「潮目が変わったのか」と思われましたが、県土木事務所から「淡路の道はどこもよく似た状況だ。あなた方のところの道だけではない」と言われたことを思い起こしつつ、対策協議会は、五色町から洲本市へ通じるもう一本の県道との比較調査に取り組むことにしました。

（3）実態調査結果を踏まえ、組織を挙げたソーシャルアクションの取組み

調査によって、県道花立線の通行量は一方の県道よりも一般車両では2倍、ダンプカーにいたっては30倍も多いという実態が裏付けられ、その結果を公表しました。

翌日、地元紙の地方版トップがそのことを取り上げました。さらに、沿道に居を構えるある住民が粉塵に耐えかねて〝泥粉集塵機〟を製作したという話題も加わり、粉塵対策を求める声は再び盛り上がりました。1966（昭和41）年7月の地区座談会以降取組んできた粉塵公害対策の取組みも、翌年3月には第五次の調査を数えるまでになっていましたが、「やるだけのこ

とはやった」と、小休止の状態に陥りました。

そのような中、１９６７（昭和42）年6月に県土木事務所本庁主催の県民相談が当町で開催されるとの情報が町長部局からもたらされました。対策協議会はこれが最後のチャンスと、会員はもちろん全町内会長、全町会議員、農協理事等を総動員し、当日に臨みました。

当日の内容は、県道花立線粉塵公害対策一色となりました。対策協議会長が調査結果を踏まえた被害状況を説明し、多くの参加者からも舗装の措置を講じるよう発言がありました。県土木事務所がどのような答弁を行うのか、会場には緊迫した空気が漂っていたのを覚えています。対策協議会側も、他の県道との比較調査結果や〝泥粉集塵機〟の話など、深刻な状況は十分に伝えたとの自負がありました。

そうした中、本庁土木課への連絡のため会場を退出していた県側の責任者が戻ってきました。どんな結果が伝えられるのか。緊張の一瞬でした。回答は「舗装を行います。当面、区間は8キロ。工費８０００万円。今年の7月に着手し、残る区間は追って実施します」。

歓声が上がり、会長はうれし涙で私と握手した手をなかなか放さなかったことを覚えています。県土木事務所側が退出した会場では、参加者が「今年の夏は、さわやかできれいな空気の中で暮らせる」と声を上げ、運動の達成感に浸っていました。

3　住民に見える社協活動「取組みの効果」

1967（昭和42）年7月、道路ローダー（新式の舗装整地機）の轟音が県道花立線に響きました。ダンプカーのタイヤで削り取られた土道が、黒いアスファルトの道に変わっていきます。この様子を見ていた対策協議会の面々は、しばらくその場を動こうとしませんでした。翌年には残る区間も舗装され、町民はのど元につかえていた異物が取れたような思いでした。

同時に、住民は自発的に道路を守る〝道路愛護班〟を結成しました。工事完了の挨拶に来た県土木事務所出張所長からは「今までいろいろな陳情をいただいたが、住民自らが道路を守るような運動は見られなかった。あなた方の運動には心惹かれるものがあります」との言葉が添えられました。

一方、粘土を満載して運搬していたダンプカー会社からは、お世話になったお礼にと共同募金に寄付をいただきました。社協は、それらを財源に安全運転の標識を要所に建てました。取組みを通じ、様々な人に社協の存在を感じていただけたものと確信しています。

私の活動理念として「住民主体」を掲げてきましたが、退職後三十数年を経た今でもその信念は持ち続けています。

第Ⅲ部　佐山さんへのメッセージ

正義感と行動力の人

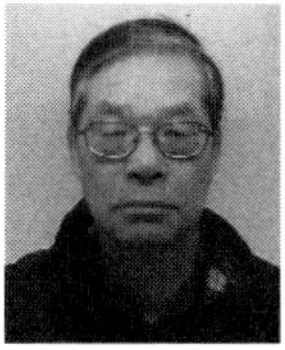

兵庫県内社協・共募事務局退職者会（通称「トアロード会」）会長
坂下達男

佐山満夫さんは、２０１５（平成27）年9月に、かつて、兵庫県内で社会福祉協議会や共同募金会の事務局の職員として勤務したことがあるもので設立した退職者会（通称「トアロード会」）の設立発起人の一人です。会の設立以降は幹事として会運営の中心を担い、高齢にもかかわらず南淡路から約2時間の長距離バスで役員会やいろいろな行事に参加され、２０１８（平成30）年4月で役員を退任されましたが、その熱意と努力に心から敬服するほかはありません。

佐山さんは、生誕の地の五色町に帰って以来一町民として、また、専門職コミュニティ・オーガナイザーとして、文字通り地域福祉を推進した卓越した人物です。地区社協会長として地域活動に関わり、１９６６（昭和41）年から社協職員としてプロフェッショナルの道を進んで、以後、福祉活動専門員（国庫補助による市町村社協の専門職員）、いわゆる、プロパー専任事務局長として、旧五色町（現洲本市の一部）社協の牽引者として、また、社協活動の実践と研究両面から県下・全国の社協関係者に多大な影響を与え、地域福祉の前進に大きく貢献されました。その功績は、我々後輩の社協マンにとっての先達であり、大いなる道標となるものです。

佐山さんから、社協マンが学ぶべきいくつかの教訓があります。その一つは、埋もれているニーズを掘り起こし、住民共通の解決課題に消化し、常に問題解決の実践方向を示されています。地域住民が抱える社会問題を限定せずに、例えば、道路公害、社会慣習など幅広く住民主体の原則に基づいて判断されています。その二つは、問題解決に当たっては、町政や議会の政治的動向にも目配りし、解決のためには綿密な戦略と多彩な戦術を駆使し、多様な戦法を編み出して成功を収められてきています。その三つは、自らの力を磨き高めるため、常に自主的な学習活動を積み重ねてこられました。佐山さんは、地域福祉を高めるためには地域福祉の理論武装と実践的研究が不可欠と自覚されていたからだと思われます。

佐山さんは、とても温和で物腰が柔らかな人柄です。敵をつくらず、とても戦略家とは思えません。正義感に基づく強い信念と行動力がどこから出てくるのか不思議でなりません。

いつまでもお元気でいて下さることを祈っています。

五色町社協での佐山さん

元兵庫県社協職員
篠崎紀夫

今から半世紀以上たって振り返ってみますと、五色町社協での当時の佐山さんの動き方が、その後の私の仕事にとても参考になっていたのだなと感じています。それは、『月間福祉』1968（昭和43）年1月号掲載の五色町社協の事例研究をまとめさせていただきながら、社協専門員の佐山さんの立場と動き方があまり表に出ず調整役に徹していたことで、あの活動の成果が上げられたのだなと思っています。

その後、私は横浜に新設された民間の小児療育相談センターでワーカー業務につきました。当時の横浜は1年間に10万人ずつ人口が増えるという状態で、学校や保育園づくりに追われていました。公民館・児童館・公立幼稚園はいずれもゼロでした。まして幼児の障害児には何もかも不足な状態でした。療育施設では個別処遇が基本でグループ処遇までは考えられますが、地域組織活動の視点はなかなか持てません。場がなければ自分たちで作ろうという家族が出てきました。ワーカー業務としてそれを支援していくことにしました。障害児自主訓練会として活動し、必然的に横のつながりとして連絡協議会が結成され運動拠点となりました。主役は障害児を持つ家族です。今の横浜は障害幼児の療育環境は多分全国有数だと思います。連絡協議会の運動が大きく寄与していることは間違いありません。それを立ち上げの頃に支援できたかなと自負しております。佐山さんありがとうございました。これからもお元気で。

佐山満夫さんに寄せる思い

元芦屋市社協事務局次長、
トアロード会副会長
中西雅子

塚口さんから、佐山満夫さんの社協での足跡を記したものをまとめて出版したいとのご意向を伺っていました。それが実現するようで大変喜ばしいことだと思っています。

佐山さんは、五色町社協の事務局長として、信念のある、しかも、コミュニティ・オーガナイザーとして原則的で論理的な活動を推進しておられる姿を見てきました。私は、芦屋市の社協にあって、佐山さんと同時代を生きた社協人の一人です。淡路、芦屋と離れていても佐山さんの活動スタイルは大いに参考にさせていただいたものです。

佐山さんとは、その後トアロード会で度々お会いする機会に恵まれ、90歳を過ぎられてもかくしゃくとしたお姿に刺激を受けてきました。

今回の塚口さんの試みに大いに賛同し、お二人とも現役を引退されて30年以上になるかと推測しますが、社協マンとしての強いきずなに今更ながら胸を熱くしております。

佐山満夫さんへの感謝

元五色町社協事務局長、
トアロード会理事
松浦歌子

人が仕事をする。この言葉は、佐山満夫・元五色町社協事務局長（以下「佐山さん」という）のためにあると思う日々でした。それは、佐山さんの活動には失敗も隙もありませんでした。人としての優しさ、温かさ、指導力等々すべてを持ち合わせていただけでなく、社協活動の基本である調査活動、地域住民の要望をくみ上げ、関係団体との話し合い、社協関係者や理事への提言、こうした活動手法が、誰もがもろ手を挙げて賛同の上協力を得る基礎になったと深く感動するばかりの私でした。この佐山さんの活動を私は積立方式と思っていました。五色町社協の基盤を見事に築き上げた佐山さんの活動手法を学ぼうと、また、佐山さんの活動スタイルに少しでも近づくようにと、私なりに努力をしてまいりました。この私なりの努力が、後に、五色町社協の事務局長になったときに活かされてきたと思っています。

今はただ、佐山さんが何時までも健康で長生きされて五色町の福祉を温かく見守ってくださることを念じております。

私が、佐山さんに送る言葉は、〝感謝〟の一言のみです。

佐山満夫さんへの感謝

元兵庫県社協職員
明路昌三

1969（昭和44）年から5年弱、兵庫県社協地域福祉課に勤務した私は、毎年のように五色町社協の各地区地域福祉講座を担当させて頂きました。2年目からは若輩者が恐れも知らず演壇に立たせて頂き、各地区の皆様とも親しく懇談させて頂く等、社協活動のイロハを佐山さんから学びました。

当時は交通機関、道路等が未整備で神戸から4時間以上を要し、鳥飼地区の老人憩いの家に1週間近く宿泊するという日程でした。夜間の開催だった各地区の講座には、佐山さんの自家用二輪オートバイの荷台に座布団を括り付け、そこに乗って連れて行って頂きました。とくに復路はもう一寸先も見えない暗闇の中、ただただしがみ付いていたものでした。

ある日、憩いの家に予定が入りその夜だけ別のところに泊まることになり、真っ暗な中を大きな建物の2階に案内されました。明朝迎えに来るからと言われ、そのまますぐに就寝しましたが、深夜にザワザワ人の声らしきものや、1階に誰かが出入りするような気配がし、気にはなりましたがそのまま寝入ってしまいました。明るくなって窓から外を覗いてビックリ、そこは大きな墓場の真ん中だったのです。夜中の人声や気配は何だったのだろうと思うと背筋が寒くなったことを覚えています。

社協活動とは少々外れてしまいましたが、私の社協職員としてというより社会人としての基礎を作っていただいたのが、佐山さんをはじめとする五色町の皆様であったことは間違いのないことです。当時の社協会長の後さん、職員の松浦さん、老人憩いの家の管理人通称荒鷲のオバチャン、鳥飼浜の大浜さんなど50年が過ぎた今も懐かしく、また感謝の思いが溢れてまいります。

引用および参考文献

佐山満夫「活動記録ノート」１９７１年~現在
五色町史編纂委員会編『五色町史』兵庫県津名郡五色町　１９８６年9月
日本社会事業学校連盟編『住民主体の地域福祉活動論』全社協　１９７２年1月
塚口伍喜夫・明路咲子他編著『社協再生』中央法規　２０１０年1月
佐山満夫他編著『地域福祉への挑戦者たち』大学教育出版　２０１８年5月

おわりに

私が、佐山満夫さんの活動ノートを拝見させていただき、その内容に触発されて、佐山さんが社協で奮闘された活動の一端でも纏めてみたいと思ったのが出版のきっかけです。出版については まったくの無計画でしたが、賛同してくれる友人もいたので踏み切りました。

進めていますと、トアロード会の役員の有志、氏名を明かしますと、会長の坂下達男さん、副会長の中西雅子さん、同じく小林良守さん、事務局長の衣川哲夫さん、理事の三木文代さんから出版経費の一部を援助していただくことになりました。感謝です。

最後に、佐山さんへの想いについて、当時かかわりが深かった5人の方から手記をいただきました。特に、明路昌三さんは病身をおして手記を寄せてくださいました。ありがとうございました。

佐山さんの奮闘記録から垣間見えるのは、その奮闘を支えたご家族の姿です。冊子の冒頭に佐山さんご夫妻の写真を載せましたが、その一枚は、佐山邸の前庭での写真です。この庭は訪れる者をこの上なく癒してくれる素晴らしいたたずまいです。三十数年前のスナップですが、この庭は今もそのままの姿を保っています。もう一枚は、今年1月31日に佐山家に伺ったときのものです。その部屋には、奥さんの良子さんが40年以上に亘ってボランティア活動（福祉施設訪問、地域の高齢者に対する食事サービスなど）をされていて、そのグループが数年前に緑綬褒章を受賞された額が掲げられていました。佐山夫妻のますますのご壮健を祈るばかりです。

川柳ごしきを主宰する佐山満夫の一句

苦労とは言わぬ　本当の苦労人

２０２０年2月

塚口　伍喜夫

■編著者略歴

塚口伍喜夫（つかぐち　いきお）

昭和12年10月　兵庫県生まれ
昭和33年３月　中部社会事業短期大学卒業
昭和33年４月　日本福祉大学編入学
昭和33年８月　同上退学
昭和33年９月　兵庫県社会福祉協議会入職
その後、社会福祉部長、総務部長、事務局長
兵庫県社会福祉協議会理事、兵庫県共同募金会
副会長を歴任
平成11年４月　九州保健福祉大学助教授、教授、同大学院教授
平成17年４月　流通科学大学教授・社会福祉学科長
平成25年10月　NPO法人福祉サービス経営調査会理事長、その後顧問
平成26年10月　社会福祉法人ささゆり会理事長
平成27年９月　トアロード会会長・その後顧問

コミュニティ・オーガナイザーのレジェンド
佐山満夫の挑戦

2020年４月30日　初版第１刷発行

■編 著 者――塚口伍喜夫
■出版協力――トアロード会
■発 行 者――佐藤　守
■発 行 所――株式会社 大学教育出版
〒700-0953　岡山市南区西市855－4
電話（086）244-1268（代）　FAX（086）246-0294
■D　T　P――難波田見子
■印刷製本――モリモト印刷（株）

ISBN978－4－86692－080－1